Bootstrapping Keynote

Marco Bissi

Fallo per tutta la gente che vuole vederti fallire.

Assumptions

Questo libro e' la struttura portante del corso Bootstrapping. Lo scopo di questo libro consiste nel far conoscere al nuovo imprenditore che ci sono delle possibilità per creare un prodotto senza l'impegno di grosse quantità di tempo e di denaro.

Quanto apprenderai da queste pagine e' totalmente differente da quanto ti possono insegnare nei tradizionali corsi di management, di marketing o qualsiasi altro corso che può prendere il nome tipo scuola di business o simile.

Ciò che apprenderai da questo libro e' un modo differente, totalmente contrario, a quanto tu possa pensare e, ironia della sorte, non sono delle novità. Gia' altri hanno applicato e stanno applicando queste tecniche.

Il mondo imprenditoriale di maggiore successo ha ottenuto in passato i risultati migliori attraverso queste tecniche, la maggior parte dei nuovi imprenditori americani, quelle definiti da Tim Ferris nel suo libro "4 ore alla settimana. Ricchi e felici lavorando dieci volte meno" con il nome di Neo Ricchi, utilizzano il bootstrapping.

Seth Godin ha iniziato la sua carriera di imprenditore con il bootstrapping ed e' anche l'autore di uno dei suoi primi successi bibliografici "The Bootstrapper's Bible: How to Start and Build a Business

With a Great Idea and (Almost) No Money".

Queste informazioni vengono esposte in maniera differente dagli altri testi del tipo "Come fare per" intendendo quel tipo di libri come manuali o tutorials. L'autore ha deciso che molti lettori vogliono una chiara e concisa lista di cose da fare per arrivare il prima possibile a risolvere i loro problemi, non una lunga serie di informazioni inutili, non necessarie, capitoli e capitoli di di istruzioni; quindi, troverai in questo testo solo le cose che realmente ti servono e le considerazioni strettamente necessarie a mettere in condizione il lettore di applicarle nel minor tempo possibile con i minimi sforzi di apprendimento.

L'autore.

Introduzione

In questo corso apprenderai le tecniche che ti saranno utili per creare il tuo prodotto con minimi risorse di capitali e tempo.

Apprenderai come i principali successi sono nati non come ti insegnano gli altri corsi, ma attraverso delle tecniche che ti permettono di migliorare lo sviluppo del prodotto e minimizzare i rischi.

Questo corso vi metterà non solo in condizione di affrontare la buona parte di Small Business investendo pochissimo denaro, ma allo stesso tempo ti permetterà di sopravvivere ad una serie di micro fallimenti necessari, anzi fondamentali, per il successo. Perché?

Perché la prima regola del successo sono una serie di insuccessi.
Nessuna persona ha mai ottenuto dei risultati nella propria vita senza avere prima sperimentato sulla propria pelle degli insuccessi.

Pertanto questa regola consiste nel creare un maggior numero di esperienze possibili fintanto che, a seguito di una serie di tentativi ed errori, non si giunge al risultato voluto: il tuo successo.

Questo corso e' rivolto non solo ai giovani, a chi non ha tempo e denaro, ma e' rivolto a tutte quelle persone che vedono in questo periodo, che qualcuno definisce crisi, un passaggio epocale dal punto di vista delle opportunità.

Alla fine di questo percorso possederai le conoscenze, gli strumenti e la consapevolezza della possibilità di creare una azienda o un prodotto con il minimo dispendio di tempo e denaro ed anche con la tranquillità di rischiare il meno possibile per protegge il tuo futuro.

Anatomia del Bootstrapping

Perche cambiare?

L'attuale momento, seppure a prima vista possa sembrare un momento di crisi, permette invece di avere delle possibilità che altri momenti storici non hanno permesso fino ad ora.

Senza entrare nel particolare sappi che le principali aziende al mondo sono nate in periodi di crisi, alcune di esse sono:

- Hewlett Packard (depressione del 1935)
- Procter & Gamble (1929)
- Standard Oil di Rockfeller (fine della guerra di secessione 1865)
- Microsoft (recessione del 1973-75)
- LinckedilN (2002 post bolla delle dotcom)

Pertanto se pensi che questo sia un momento non propizio per iniziare una attività ti stai sbagliando, piuttosto devi iniziare con un sistema diverso perché gli attuali sistemi sui quali si basano le attuali aziende sono entrati in crisi.

Impresa Old Schooll

Attualmente il sistema delle imprese vecchia scuola e' rappresentato dal concetto espresso con la sequenza che, attraverso la realizzazione del prodotto, si ottengono i finanziamenti e poi ci si rivolte al cliente per ottenere i risultati economici.

Il prodotto.

Normalmente nelle imprese vecchia scuola si parte con la creazione di un prodotto, magari anche "solo" con la realizzazione di un prototipo ed una progettazione estremamente analitica dell'oggetto da produrre. Questo pero' comporta un notevole dispendio di energie di tempo e di denaro.

Finanziamento (Banche o capitale personale).

Il passo successivo e' la redazione del business plan il cui scopo consiste nel determinare le potenzialità di mercato e le principali analisi finanziarie. Redatto questo documento lo si sottopone alle Banche per la richiesta di finanziamento. Questo tipo di passaggio richiede molto tempo sia in fase di preparazione si in fase di valutazione da parte degli istituti di credito (Due diligence), e non sempre sarà seguito dalla concessessione del credito, totale o parziale, necessario alla copertura finanziaria.

Produzione.

Ammettiamo che nonostante tutto vi sia la concessione di un prestito che permetta all'azienda di iniziare la produzione. A questo punto si parte con la realizzazione del prodotto sulla base delle analisi svolte in precedenza, si impegnano perciò i capitali e si inizia ad immettere il prodotto sul mercato. Tutto questo viene fatto sulla base di stime determinate dal precedente business plan.

Cliente.

Questo e' il punto cruciale del percorso imprenditoriale. Se il prodotto ha successo, se il cliente acquista il prodotto, in quantità sufficiente ed ai prezzi che garantiscano la copertura dei costi e dell'utile di impresa, allora l'azienda può crescere e prosperare, diversamente vi sarà il fallimento.

Note su questo schema imprenditoriale.

Questo schema non e' più adatto ai nostri tempi in quanto non e' praticamente più possibile ottenere il founding da parte delle banche, a meno di avere e impegnare delle garanzie personali, ma inoltre richiede un notevole dispendio di energie e di tempo che se poi non portano al successo, e la cosa si sta verificando sempre di più, porta ad un definitivo fallimento.

Questo fallimento non e' solo economico ma incide anche nella motivazione dell'imprenditore che si può sentire sconfitto in maniera profonda impedendogli di tentare di nuovo.

Start Up

La startup segue lo stesso percorso, si parte dall'idea per poi arrivare con gli stessi passaggi dell'impresa vecchia scuola al cliente finale.

L'unica differenza consiste nel tipo di finanziamento che non e' più un finanziamento di tipo "istituzionale", proveniente dalle banche e garantito dal capitale personale dell'imprenditore, ma consiste in un capitale di rischio privato di finanziatori più o meno professionali (Business Angels o Venture capitalist) che entrano a fare parte della società attraverso vari stadi di finanziamento chiamati Rounds.

Note su questo schema imprenditoriale.

Questo schema e' imprenditoriale e' iniziato molti anni fa negli Stati Uniti, si affrancato nel periodo delle dotcom, e poi si diffuso anche in Italia. Come già accennato ha l'unico pregio di sostituire il finanziamento istituzionale con quello privato. Ma percorre gli stesi errori che portano al fallimento dell'impresa tradizionale.

Una variante interessante utile ai nostri scopi consiste nell'approccio

Lean Startup.

Creare cioè una versione utilizzabile della cosa, ma con funzionalità ridotte al minimo. "Ricavare, con il minimo sforzo, la quantità massima di informazioni e dati reali" (MVP: Minimum Viable Product).

La MVP può essere sviluppata molto rapidamente perché fa a meno di tutte le funzioni non critiche.

In sostanza si crea un prototipo in maniera veloce e poco costosa eliminando tutte quelle funzioni che ne accrescerebbero i costi.

Approfondiremo le varie modalità' nella parte dedicata al pretotipo ed alle tecniche esca.

Quale e' l'errore comune?

Questo sistema e' finito, non porterà da nessuna parte. Chi crede ancora di poter realizzare un Business Plan, di ricevere il finanziamento da parte delle banche, e poi di iniziare l'attività aumenta il rischio di fallimento. Tutto questo ormai non e' più vincente.

<u>Ritenere di avere un prodotto, anche se vincente, non e' garanzia di successo</u>. Il modo di pensare all'impresa non segue più i canoni classici.

La longevità di una azienda di successo si riduce sempre di più anche a causa di un aumentare di concorrenza e riduzione dei prezzi.

La prima regola del Bootstrapping.

Ma, soprattutto l'errore comune degli imprenditori e' che non si sono accorti di questa semplicissima regola:

"Prima vendi (e incassa) e poi realizza".

Anche il settore immobiliare era così: prima si preparava il progetto, poi lo si metteva in vendita "sulla carta" e, poi ancora, solamente al raggiungimento del minimo delle vendite necessarie per la copertura dell'operazione immobiliare, si procedeva con la costruzione.

Nota.

Senza accorgersene, il settore immobiliare ha proseguito a costruire senza vendere, e quando il mercato si e' saturato (creando una offerta superiore alla domanda) sono iniziati i primi fallimenti.

Seconda regola del bootstrapping.

Pertanto si può parlare anche di una seconda regola:

"Se non vendi non fare".

Flow Chart del Bootstrapping

Con il bootstrapping si inverte la situazione, prima si vende e poi si realizza il prodotto, non viceversa.

Dimenticatevi tutto quanto avete imparato o che vi hanno insegnato in corsi, master o altre teorie del successo che ti porteranno solamente al definitivo insuccesso nella vita.

Il Bootstrapping si basa solamente su tre capisaldi:
1) Poco denaro
2) Poco tempo a disposizione
3) Il fallimento e' costruttivo e proattivo per il successo.

Il ciclo del bootstrapping.

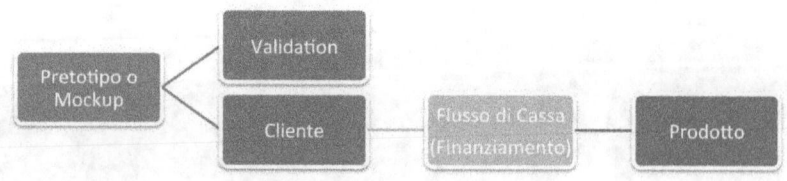

Lo schema del bootstrapping consiste in:
1. Sviluppare una idea attraverso un pretotipo o mockup.

<u>Pretotipo non prototipo</u>, si hai capito bene, crea una idea di prodotto attraverso una simulazione 3D, Mockpu e metti in vendita il concept (tratteremo meglio questo aspetto nella parte "Fai un prototipo, no anzi, fai un pretotipo"). Ovviamente dietro devi fare delle analisi sui costi e tempi, non essere avventato.

2. **Trovare il cliente prima di tutto.** Con il pretotipo realizzato devi iniziare a verificare se vi sono dei clienti disponibile ad acquistare (<u>validazione dell'idea</u>)

3. **Il cliente cliente pagante.** Se la validazione ha successo significa che hai trovato il cliente disposto ad acquistare, o impegnato ad acquistare, in modo tale che possa generare un flusso di cassa positivo.

4. **Il flusso di cassa, il tuo finanziamento.** Il finanziamento del tuo progetto deriva direttamente dal tuo cliente, non dalle banche o da investitori privati. Dobbiamo assolutamente incassare prima e spendere dopo che si e' incassato.Dobbiamo raccogliere il denaro che ci permetta di coprire i futuri costi di produzione ed il tuo guadagno. Questo flusso lo si può ottenere attraverso le prenotazioni o altre forme di anticipo sulla vendita.

8. **Il prodotto.** Solo dopo avere raggiunto la "Massa Critica", a copertura dei costi con le reali vendite o prenotazioni, tu puoi partire con la realizzazione del prodotto.

E' il percorso inverso

Questo e' lo schema generale del bootstrapping.

<u>Verifichiamo il prima possibile se vi può essere il risultato positivo delle nostre idee, e poi creiamo il prodotto.</u>

Così facendo otteniamo di:

- Impegnare meno denaro possibile, solamente quello per definire il prodotto.
- Impieghiamo meno tempo per lo sviluppo del prodotto. Solo le analisi finanziarie, business model e flusso di cassa.

"La vita e' troppo breve per costruire qualcosa che nessuno vuole."
Ash Maurya

La Massa Critica.
Spendiamo solamente il tempo ed i denaro per verificare se il prodotto riesce a raggiungere una "Massa Critica" tale da permetterci di proseguire.

Operando in questo modo realizziamo un concept di prodotto da proporre immediatamente al mercato per verificare se può avere o meno il successo sperato. Nel caso in cui questo non avvenga abbiamo limitato i danni e abbiamo mantenuto almeno altre risorse di tempo, denaro e stimoli per effettuare altri tentativi.

... non solo. Partiamo dal cliente

Verifichiamo il prima possibile se l'idea può avere successo ed eventualmente possiamo prendere dei correttivi in corso d'opera.

- Riduciamo al minimo il rischio di fallimento, a solo quello che ci possiamo permettere.

- Ricordati maggiori sono i tentativi e gli "Insuccessi controllati" e maggiori sono le esperienze accumulate utili in futuro essenziali per raggiungere il successo.

Come vedremo nel proseguo del corso non creeremo un prodotto in versione "Beta" ma realizzeremo un prodotto pienamente funzionale con il minimo degli accessori e funzioni possibili.

E lo facciamo subito appena impostata l'idea e preparato il pretotipo/ demo/ Mockup che dir si voglia.

Lo facciano il prima possibile perché questo ci permette di velocizzare tutte le operazione e magari anche di ottenere dei feedback che ci consento di apportare modifiche prima della realizzazione del prodotto vero e proprio.

<u>Così facendo evitiamo sondaggi ed altri test che sono per lo più</u>

inutili. La gente compra su un prodotto reale non su un questionario.

"Non c'e' il sostituto del mondo reale, della gente reale, dei dati reali,. I test di laboratorio non rifletto la realtà."
Jason Fried

E' il cliente che ti porta al successo non il prodotto.

Il Cliente

Il Cliente. La cosa piu' importante

Gia', il cliente, più sei vicino al cliente e maggiore e' il tuo successo.

Così anche, maggiore e' il rapporto che tu hai con il cliente e maggiore e' il successo.

Zappos.

Aziende come Zappos (poi acquistata da Amazon) hanno successo perché hanno come principale obiettivo quello di soddisfare il cliente.

Domanda?

La domanda che devi sempre tenere in mente e':

1. Quale e' la cosa più difficile da realizzare in un business, creare il prodotto o trovare il cliente?

2. Occorre più tempo a trovare i clienti o a creare il prodotto.

Pertanto ... la verità è che:

1) Non puoi avere successo se non hai i clienti.

2) E' il cliente a finanziare la tua impresa, non le banche e non i finanziatori privati.

"Cash is the King" .

Il flusso di cassa positivo è lo scopo del Bootstrapping.

Senza il flusso di cassa positivo hai bisogno di chiedere in prestito dei capitali, hai bisogno di trovare dei finanziatori, istituzionali o privati che siano.

Money Freedom

Andando direttamente verso il cliente, nel più breve tempo possibile, tagli inutili passaggi che ti costano tempo e ottieni maggiori guadagni.

1) Ricordati sempre: e' il cliente che ti porta al successo.
2) Il cliente deve finanziare la tua azienda attraverso l'acquisto del tuo prodotto.

L'azienda deve crescere in proporzione col crescere del numero dei clienti.

Il principale errore che le imprese commettono consiste nel "costruire" una azienda sulla base di un successo presunto a priori, sulla base di un potenziale di mercato. Tutto viene dimensionato su dati ipotetici che, se non si verificano, e per la stragrande maggioranza delle volte e' così, bruciano denaro inutilmente portandoti al fallimento.

1,000 True Fans.

La teoria dei 1000 veri fans, mutuata dal settore musicale/artistico, consiste nella teoria per la quale basti avere solamente 1000 fans per avere successo. Se possiedi 1000 clienti, sfegatati, che acquisteranno il tuo prodotto ad ogni uscita, allora avrai il successo in mano. Qualsiasi cosa tu faccia.

Con 1000 veri clienti tu hai la tua libertà economica e con la libertà economica hai la libertà in generale.

Ovviamente il numero 1000 e' un numero di riferimento, ma e' sufficiente per rendere l'idea di quanto sia importante avere dei clienti fissi, dei clienti veri, per fare in modo che la tua azienda prosperi.

Che cosa e' il business

Il business e' 20% Prodotto e 80% Marketing

Per fare business, cioè' per fare si' che la tua attività possa procedere nel modo giusto, c'e regola principale che devi sempre avere in mente.

Contrariamente a quanto troverai sui libri di management o in corsi universitari questa semplice regola ti sarà utile più di qualsiasi altra cosa.

Per quanto ti possano avere insegnato, per quanto tu possa lavorare al prodotto tieni sempre ben presente questa regola:

Il successo dipende per il 20% dal prodotto e per il restante 80% dal marketing.

Questo a prima vista può farti inorridire ma, qualsiasi prodotto tu abbia in mente di realizzare, come detto precedentemente, non può avere successo se non hai clienti paganti.

Pertanto quando pensi al tuo prodotto pensa in primo luogo al marketing, a come fai a promuoverlo.

Questo e' il primo aspetto. Dare importanza prima di tutto al marketing e poi al prodotto. Impiegare l80% delle tue energie a fare marketing, a promuovere il prodotto. Il successo dipende da questo.

Numeri, Numeri, Numeri

"Il business deve portare degli utili, diversamente quello che stai facendo e' solo un hobby."

Josh Kaufman

Altro aspetto da tenere in considerazione sono i numeri del business, l'aspetto finanziario quelli che seguiranno sono i principali "numeri" ai quali dovrai sempre fare riferimento.

Il Flusso di Cassa.

Il primo aspetto finanziario per il bootstrapping e' il Flusso di Cassa.

Abbiamo già accentato in precedenza che il principale numero da tenere in considerazione e' il flusso di cassa positivo.

Non solo le entrate devono essere maggiori delle uscite, ma le entrate devono pervenire prima delle uscite.

Il Margine Lordo.

Il secondo aspetto finanziario e' il margine lordo.

Il margine lordo e' la differenza tra quanto incassi e quanto spendi per il tuo prodotto al lordo del pagamento delle tasse.

Quando fai una analisi finanziaria tieni presente che maggiore e' questo numero e maggiore e' la possibilità di sopravvivere.

Creare un prodotto che abbiano almeno un 5x di valore, cioè che il prezzo di vendita sia di 5 volte maggiore il costo per la realizzazione del prodotto.

Questo ti garantisce anche di ottenere non solo maggiori guadagni ma anche di poterti permettere di coprire eventuali errori nella valutazione finanziaria del business.

Ricorda:
1) Maggiori sono i margini e minori sono i rischi di fallimento .
2) Minori sono i margini a maggiori sono i rischi di fallimento.

Diffida sempre dei conti analitici che portano a dei risultati con pochi margini.

I cosiddetti "conti della serva" sono molto più attendibili.

Ma, allora il business plan?

Business Plan? No grazie

Il business plan e' un documento il cui scopo principale consiste nell'analizzare le potenzialità del prodotto rispetto al mercato ed alla concorrenza e nel redigere una analisi finanziaria con il cosiddette Break Even Point (punto di pareggio "BEP").

Sulla base di questi dati il documento viene presentato ai finanziatori potenzialmente interessati a partecipare al business.

Questo e' <u>il principale scopo del business plan, consiste nel presentare il prodotto con i numeri necessari per trovare i finanziator</u>i.

<u>Il punto e' che per quanto il business plan possa essere dettagliato non e' mai reale</u>.

Qualsiasi dato inserito anche dal miglior professionista nel settore finanziario non sarà mai corrispondente alla realtà.

Pertanto:
<u>Anche il business plan più dettagliato e' virtuale.</u>

Oltretutto il business plan e' "referenziale", anche senza volerlo o in maniera inconscia si cerca sempre di fare in modo che i numeri tornino.

"Se i numeri vengono torturati a sufficienza confesseranno qualsiasi cosa."
Gregg Easterbrook

Il cervello e' "autoreferenziale", chiede e crede di avere sempre ragione e quindi trova sempre un modo per far quadrare i conti al centesimo.

Per evitare di incappare in questa problematica pensa di raddoppiare i costi e dimezzare gli incassi. Sembra un metodo barbaro e veloce, ma se il risultato tiene a questa prova, tenendo anche in considerazione gli "X" moltiplicatori, allora avrai un bel margine di sicurezza.

Lo strumento del business plan e' comunque una base utile per valutare il business in tutte le sue parti. Si analizza il mercato, la concorrenza, il prezzo e la posizione del tuo prodotto rispetto a questi valori.
La principale domanda che ti devi porre consiste nel capire:

"Quali problemi vado a risolvere per il cliente?"

questa e' la domanda fondamentale.

Ma, allora come valuto il business?

Il business Model

I business model altro non significa che il sistema con il quale fai i soldi.

Pensa a come fa il tuo prodotto a realizzare utili. Lo fa:

- Attraverso la pubblicità?
- Attraverso la sottoscrizione un abbonamento?
- Attraverso la compravendita di un bene o un prodotto?
- Lo fa attraverso la sottoscrizione di un contratto di assicurazione?
- Ecc.

Queste sono solo alcune delle principali domande, ma sono le più importanti. Se il tuo business resiste alle domande iniziali del business model e' possibile proseguire con le altre analisi, diversamente lascia perdere e passa ad un altro progetto.

Esistono alcuni modelli abbastanza semplici nella loro attuazione che ti permettono di analizzare il business. Questi modelli sono principalmente:

1) Il Business model canvas
2) Il Lean Canvas
3) Strategia Oceano Blu.

4) 1PBP (1 Page Business Plan)

Il Business model Canvans Osterwalder.

Il business model canvas e' un pratico esempio di sistema grafico, così chiamato dal suo creatore, Alexander Osterwalder, per analizzare tutti gli aspetti che intervengono in un business model

In ogni blocco vanno inserite delle brevissime considerazioni in merito ad ogni specifica azione riguardante il prodotto.

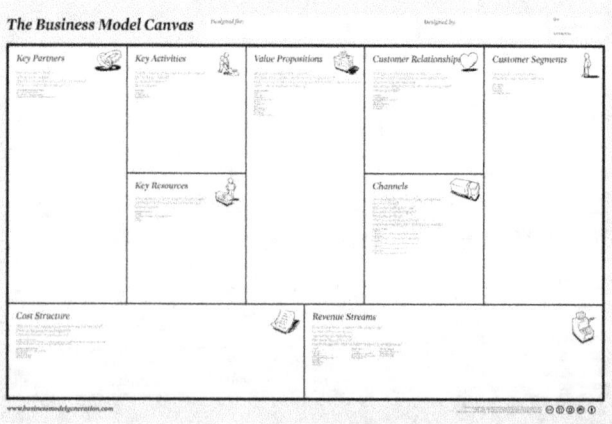

In altri termini, ovvero con le parole di Alexander Osterwalder, ideatore del Business Model Canvas: il "BUSINESS MODEL descrive la LOGICA con la quale un'organizzazione CREA, DISTRIBUISCE e

CATTURA VALORE".

E' una strategia di business che si applica attraverso l'analisi dei 9 blocchi:

1. **Customer Segments**. Si identificano i potenziali segmenti di utenti che l'impresa intende servire.

2. **Value prpositions**. Si identificano il gruppo di servizi e prodotti per creare valore al gruppo servito.

3. **Channels**. Si identificano tutti i canali con i quali l'azienda entra in contatto con il cliente.

4. **Customer Ralationships**. Descrive quale tipo di relazione si intende stabilire con uno specifico cliente.

5. **Revenue Streams**. Si identificano le entrate finanziarie che si pensano di ottenere dalla vendita al cliente.

6. **Key Resources**. Rappresentano la più importante chiave per creare valore e consiste in tutte quelle attività che servono per creare il prodotto o servizio.

7. **Key Activities**. Descrive l'oggetto del prodotto o servizio che serve per creare valore.

8. **Key Partnerships**. Si identificano tutti coloro che possono essere i partner esterni che partecipano alla realizzazione del prodotto.

9. **Cost Structures**. Sono tutti i costi necessari alla realizzazione ed alla consegna del prodotto al cliente.

Il Lean Canvas si Ash Maurya

Questo altro modo di verificare il business model e' quello che preferisco in quanto lo scopo principale consiste nel fare una velocissima validazione dell'idea. Il suo ideatore e' Ash Maurya e il suo motto principale consiste in:

"La vita e' troppo breve per costruire qualcosa che nessuno vuole".

Problem	Solution	Unique Value Proposition	Unfair Advantage	Customer Segments
Top 3 problems	Top 3 features	Single, clear, compelling message that states why you are different and worth buying	Can't be easily copied or bought	Target customers
	3		**7**	
1	Key Metrics		Channels	**1**
	Key activities you measure		Path to customers	
	6	**2**	**4**	

Cost Structure		Revenue Streams	
Customer Acquisition Costs		Revenue Model	
Distribution Costs		Life Time Value	
Hosting		Revenue	
People, etc.	**5**	Gross Margin	**5**

Il metodo essenzialmente si prefigge lo scopo di realizzare un Lean

Canvans in 20 minuti attraverso un grafico che assomiglia molto a quello precedentemente riportato e che in breve consiste in:

A. Fare un brain-storming dei potenziali clienti. Più in particolare riconoscere e distinguere tra clienti e utenti. I clienti sono quelli che pagano per il tuo prodotto.

B. Creare velocemente dei singoli canvans ciascuno per ogni potenziale cliente. Raggruppare i singoli clienti in gruppi omogenei sulla base delle loro esigenze e poi creare un canvans per ciascun gruppo.

C. Definire le priorità di dove si vuole partire. E' necessario trovare un grande mercato, trovare i tuoi clienti e raggiungerli con i tuoi prodotti. Piuttosto che cercare il grande filone di clienti all'inizio l'obiettivo principale e' trovare quelli che vengono chiamati "Early adopters". Questo e' il tuo obiettivo principale.

La redazione del Lean canvans consiste in:

1. **Definizione dei problemi e dei clienti.** Si esegue contemporaneamente una definizione dei 3 principali problemi (e' importante sintetizzare il messaggio con semplici parole chiave) che il tuo prodotto o servizio e' in grado di risolvere, con le possibili alternative e contemporaneamente definire il target del cliente.

2. **Unique Value Position (UVP).** E' il messaggio che tu vuoi comunicare al cliente che il tuo prodotto o servizio e' differente dagli altri. E' di tale importanza che può essere paragonato al titolo di testa di un articolo. Bisogna riassumere il concetto in una o due frasi.

3. **Soluzioni.** Consiste nel definire in maniera sintetica le soluzioni ai problemi.

4. **Canali.** Consiste nel definire con quali canali tu riesci a

raggiungere il tuo pubblico affinché possa conoscere conoscere il tuo prodotto o servizio.

5. **Entrate e Uscite.** Queste due parti, fatte in contemporanea, danno modo di conoscere i costi e i guadagni del tuo prodotto. Si devono definire tutti i costi che servono per produrre e consegnare il tuo prodotto/servizio ma, serve anche definire a quale prezzo deve essere messo in vendita.

6. **Key metrics.** Si devono stabilire quali sono le metriche che ti comunicheranno se il tuo prodotto sta avendo successo o meno. Definisci cioè le tue KPI (Key Performance Index). Nella scelta di questi elementi di misurazione della performance ti suggerisco di non andare oltre ai due o tre punti

7. **Unfair Vantage.** In sostanza il valore di un prodotto o servizio dipende anche dal fatto che sia possibile copiarlo o riprodurlo dalla concorrenza. Molto dipende dal marchio e dal nome o da attività che solo poche persone sono in grado di realizzare.

Strategia Oceano Blu

Il nome di questa strategia e tratto dal libro omonimo "Strategia Oceano Blu. Vincere senza competere" scritto da di W. Chan Kim e Renée Mauborgne.

Questo testo insegna come analizzare il business dandoti modo, con semplici ragionamenti, di decidere come "posizionarsi" rispetto al mercato ed alla concorrenza.

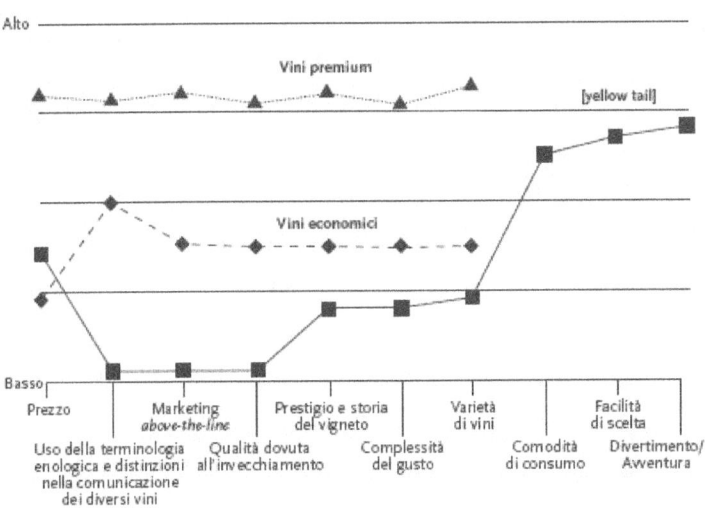

E' molto più indicato nel determinare le potenzialità di nicchia che il tuo prodotto può avere rispetto al panorama delle concorrenza.

I punti essenziali che si prefigge la strategia oceano blu sono:

- L'unico modo per battere la concorrenza e' smettere di cercare di battere la concorrenza.

- Per oceano blu si intendono tutti quei settori che ad oggi non esistono; questo e' lo spazio di mercato incontestato.

- La concorrenza e' irrilevante poiché e le regole del gioco sono ancora da inventare.

- Nei settori sovraffollati differenziare il brand diventa più difficile sia nei periodi di crisi, sia in quelli di boom economico.

- L'innovazione di valore e' la colonna portante per la strategia oceano blu.

- L'innovazione di valore si verifica soltanto quanto l'azienda unisce l'innovazione all'utilità, al prezzo, e alle voci di costo.

- Chi cerca di dare vita ad un oceano blu persegue allo stesso tempo l'obiettivo della differenziazione e quello del contenimento dei costi.

- Dar vita a un oceano blu comporta la riduzione dei costi e, allo stesso tempo, l'aumento del valore offerto agli acquirenti.

1PBP (One Page Business Plan)

Queste analisi riportate sopra sono quanto di più evoluto vi sia attualmente in circolazione ed anche abbastanza semplici e veloci da attuare.

Puoi ancora semplificare e velocizzare le valutazioni sul tuo prodotto ponendoti le seguenti domande:

- **Urgenza**. Quanto è urgente alle persone il tuo prodotto per risolvere i loro problemi?
- **Dimensioni del mercato**. Quante persone possono essere interessate al prodotto?
- **Prezzo potenziale**. Quanto può essere il prezzo potenzialmente più alto per il quale le persone sono dispose a comprare?
- **Costo per l'acquisizione del cliente**. Quanto è facile acquisire il cliente e quanto può essere il costo pro capite per l'acquisizione?
- **Costi totali: dal prodotto alla consegna**. Quale è la somma di tutti i costi che occorrono per creare e consegnare il prodotto (compreso anche eventuale stoccaggio, magazzino, pubblicità, ecc.)?
- **USP (Unique Sell Position)**. In quale maniera il tuo prodotto si

41

differenzia dalla concorrenza (importanti sono le analisi del libro "Strategie Oceano Blu).

- **Tempi di realizzazione**. Quanto tempo occorrerà per immetterlo sul mercato?

- **Investimento iniziale**. Quanto ti occorre subito per rendere disponibile il prodotto. Qui entra in gioco il concetto base del bootstrapping.

- **Quando prevedi il BEP**. Minore è il tempo del break-even point e meglio è.

- **Up sell Potential**. Come puoi integrare e migliorare la vendita con altri prodotti (upsell, downsell, cross sell)?

- **Evergreen Potential**. Quale è il ciclo di vita (fisico o virtuale) del prodotto? Quanto può resistere a potenziali competitors?

Il prodotto

Il 20% del Successo

Con il 20% del successo conferito al prodotto non si intende solamente il fatto di dedicare il 20% delle tue finanze, del tuo tempo, al prodotto.

Significa, in una maniera più ampia, anche alla sovrapposizione tra marketing e prodotto. Nel nostro caso il marketing deve essere pensato, impostato e fatto partire il prima possibile. Prima ancora del prodotto.

Quindi determina il prima possibile la fisionomia del prodotto, ma contestualmente, imposta la campagna di marketing.

2 tipi di prodotti

I prodotti di dividono in 2 tipi di categorie;

1. Fisici
2. Digitali.

Prodotti fisici.

I principali prodotti fisici caratterizzati dalla necessita' di: essere stoccati, spediti, realizzati secondo determinate normative di qualità e sicurezza per la salute, devono essere imballati, con la possibilità di incorrere in rotture o modifiche nella loro qualità a causa di cattiva conservazione o trasporto.

E' importante per il bootstrapping realizzare il progetto del prodotto ed affidare in outsourcing la produzione, gestione del magazzino e spedizione.

Produzione in Outsourcing.

Nella realizzazione e' bene affidarsi a delle imprese che già realizzano il tipo di prodotto che vogliamo e che siano in regola con tutte le normative di qualità, sanità, ecc.

Il caso tipico di un Outsourcing può essere rappresentato dai prodotti "a marchio" come i prodotti della Grande Ditribuzione Organizzata che affidano a delle ditte produttrici del settore la realizzazione del prodotto ai quali poi applicano il proprio marchio.

Distribuzione.

Delegare ad aziende specializzate lo stoccaggio, picking e spedizione.

Logistica di Amazon, ad esempio, gestisce il magazzino e la spedizione in conto terzi per una vasta gamma di prodotti.

Come Logistica di Amazon vi sono altre aziende denominate "piattaforme logistiche" che gestiscono e movimentano prodotto per conto terzi.

Tutto questo per dirti e ricordarti di nuovo che devi spendere il tuo tempo nella progettazione, marketing e ricerca clienti per lasciare tutto il resto a terze parti.

Più avanti tratteremo anche alcune considerazioni su cosa e come delegare.

Prodotti digitali.

Sono i prodotti come ebook, DVD, CD, che possono essere realizzati con una bassissimo investimento e che possono essere facilmente archiviati e spediti direttamente al cliente.

L'automazione e' estremamente elevata, i costi di stoccaggio sono irrisori e, in caso di supporto fisico del prodotto come CD, DVD, o libro rilegato (prodotto si' digitale ma su supporto fisico), vi sono dei servizi "OnDemand" che gestiscono la produzioni su ogni singolo pezzo (vedere ad esempio "Createspace").

L'elemento principale che rende il prodotto digitale vincente sono i suoi bassi costi di produzione e la scalabilita', cioè la possibilità di vendere molte copie dello stesso prodotto senza dovere di volta in volta crearne uno nuovo, l'esempio classico può essere la scrittura di un libro in formato ebook il quale, una volta pubblicato può essere venduto "n" volte senza doversi preoccupare della produzione di ulteriori copie ed alla consegna.

Questo rappresenta anche un aspetto denominato "Passive Income" (guadagno passivo). Crei il prodotto una volta sola e lo vendi per "n" volte senza che tu debba intervenire sotto una qualsiasi forma. Puoi guadagnare in qualsiasi momento della giornata, di giorno e di notte, e in qualsiasi posto nel mondo.

Domande da porsi

Creare un draft del prodotto.

Come già accennato all'inizio con il bootstrapping la prima cosa da fare consiste nel creare un draft del prodotto, una demo, un progetto che ci possa dare sia la possibilità di verificarne il potenziale di successo (validazione), ma anche di compiere una analisi costi e tempi.....

... Analisi costi e tempi.

L'analisi costi e tempi deve essere comunque compiuta, non e' possibile andare allo sbaraglio. E' necessario avere un riferimento per poter decidere a quali costi si va incontro per determinare, inoltre, anche a quali prezzi e' possibile proporre il prodotto al mercato, e relativo posizionamento.

Nella determinazione dei costi e dei tempi possiamo fare delle stime che dipendono da un grado di raffinatezza del nostro progetto. Maggiore e' il grado di raffinatezza, e maggiore e' l'affidabilità del risultato economico e temporale (N.B. Si parla qui di maggiore grado di precisione, non di esattezza, quella non la si avrà mai).

Pertanto si possono distinguere tre principali tipi di stima e relativa affidabilità.

- Stima analitica: +/- 5% di grado di affidabilità.
- Stima per comparazione con altri prodotti simili: +/- 15% di affidabilità.
- Stima senza nessuna precedente comparazione: +/- 35% di affidabilità.

Importante.

Stimare il costo e tempi di ogni singola voce e' importante ma lo e' ancora di più non dimenticare di inserire tutte le voci di costo che entrano a fare parte del progetto. Capita spesso che nelle analisi si dimentichino di inserire delle voci (tasks) e relativi costi e tempi.

Fai un prototipo, no anzi, fai un pretotipo.

Pretotipare

Questa la ritengo una delle parti fondamentali per chi si cimenta come imprenditore.

Una volta trovata l'idea il metodo tradizionale che i vari libri ci insegnano consiste nel passaggio dall'idea al progetto ed al progetto al prototipo funzionante del prodotto.

Ma, visto che lo scopo principale di questo libro si basa sul fatto che e' più facile che la nostra idea fallisca, piuttosto che abbia successo, dobbiamo prepararci al fallimento perché la maggior parte delle idee fallisce o brucia i soldi degli investitori.

Dedicare le proprie energie fisiche e finanziarie in costosi progetti e prototipi e' la via peggiore da intraprendere.

Devi allora escogitare delle strategie che ti permettano di testare il prodotto investendo la minor quantità di tempo e di soldi possibile. E' per questo che riporto di seguito alcune tecniche di pretotipo che ho preso a prestito dal libro "Pretotype it Pretotipare" di Alberto Savoia e che ti consiglio di leggere ed applicare.

In breve, creare un **prototipo** significa creare un singolo prodotto della cosa, perfettamente funzionante, che vorrai produrre in serie (il termine "cosa" e', come l'autore del libro riporta, il prodotto). Il **pretotipo** invece significa costruire una cosa per finta prima di costruirla per davvero.

Un esempio molto banale lo si può trovare nel settore immobiliare nel quale prima di realizzare l'opera si crea un modellino tridimensionale in scala ridotta oppure un video elaborato in CAD 3D. In questo caso si simula la costruzione che avverrà solo in caso di successo del progetto (vendita).

Di seguito riporto brevemente le tecniche descritte nel libro "Pretotype" di Alberto Savoia.

Le Tecniche esca

Con tecniche esca si definiscono tutte quelle tecniche che servono a verificare con il minor dispendio di tempo ed energia se il prodotto che stai provando a creare può funzionare o no.

Turco meccanico.

Sostituire computer o macchine complicate con esseri umani.

Prende il nome da un automa che si diceva fosse in grado di giocare le partite a scacchi con gli esseri umani. Si è spesso sospettato che in realtà ci fosse un trucco, un uomo si potesse nascondere dentro la macchina, teoria mai provata, anche perché la macchina è andata distrutta prima di poter essere studiata.

La stessa tecnica venne adoperata dalla IBM quando 30 anni fa testo' un computer capace di dattiloscrivere automaticamente quanto dettato a voce. Le persone credettero che fosse il computer a trascrivere la dettatura, mentre, invece, era una dattilografa collegata via audio dall'altra parte della parete.

Questa tecnica può essere impiegata quando la realizzazione richiede degli elevati investimenti e l'uso, all'inizio, di persone che simulano le funzioni della macchina può far risparmiare molti costi.

Pinocchio.

Costruire una versione non funzionale, senza vita, del prodotto.

Il nome e' preso a prestito dall'inventore del Palm che invece di costruire il prototipo creo' un pretotipo attraverso un pezzo di legno al quale aveva incollato un foglio di carta con la riproduzione delle sua invenzione. Facendo credere che il Palm funzionasse per davvero riuscì a capire che poteva esserci un interesse delle persone per il suo prodotto.

Stuzzuchino.

(MVP Minimum Viable Product da learn Start Up di Eric Ries).

Creare una versione utilizzabile della cosa, ma con funzionalità ridotte al minimo. "Ricavare, con il minimo sforzo, la quantità massima di informazioni e dati reali".

La MVP può essere sviluppata molto rapidamente perché fa a meno di tutte le funzioni non critiche.

In sostanza si crea un prototipo in maniera veloce e poco costosa eliminando tutte quelle funzioni che ne accrescerebbero i costi.

Provinciale.

Testare un prodotto su scala provinciale costa molto meno che su grande scala.

Fingo che sia mio.

Prima di investire in un prodotto o idea puoi affittare o prendere a prestito il prodotto fingendo che sia il tuo.

Porta finta.

L'unico obiettivo è creare un punto di ingresso per un potenziale prodotto che non esiste ancora. Un esempio classico e' quando si cerca di testare il potenziale interesse dicendo che il tal prodotto e' in produzione oppure che si stanno prendendo delle prenotazioni e che verrai ricontattato non appena sarà possibile.

Questa tecnica e' più usata di quanto si possa credere. Un esempio personale? Quando tempo fa acquistai una automobile mi dissero che occorrevano due mesi per averla. Alla mia domanda: "come mai?" la risposta fu: "La stanno costruendo".

Un esempio.

Riporto di seguito un esempio di una pretotipazione, anche se lui non la chiama così di fatto lo e', di una simulazione del prodotto a costi bassissimi realizzata da Stephen Key.

In pratica e' una pretotipazione di una sua idea realizzata con photoshop allo scopo di presentare un potenziale prodotto ad una potenziale azienda produttrice.

Consiglio di leggere il libro di Stephen Key "One Simple Idea : Turn Your Dreams into a Licensing Goldmine While Letting Others Do the Work" come altra fonte importante per conoscere metodi di creazione di pretotipi.

II Marketing

L'80% del successo

Senza il marketing nessuno può venire a conoscenza del tuo prodotto, di te, della tua azienda. E se nessuno sa che esisti non puoi avere successo.

Prima ancora di iniziare a creare il prodotto pensa alla strategia di marketing, a come pensi di vendere il prodotto, a chi venderlo, quali canali utilizzare.

La tecnica delle 3M.
La tecnica delle 3M e' la principale regola utilizzata da uno dei più famosi marketer al mondo Dan S. Kennedy e spiegata nel suo libro " No B.S. Direct Marketing: The Ultimate No Holds Barred Kick Butt Take No Prisoners Direct Marketing for Non-Direct Marketing Businesses".
Le principali regole pratiche di una campagna di marketing si devono basare sulle 3M:

◆ **Market** (Mercato). E' la domanda principale che ti devi porre. Chi e' il tuo cliente?, quanti anni ha?, uomo o donna?, ecc. Maggiori e dettagliate sono le informazioni sul tuo potenziale cliente e migliore e' il risultato della campagna di marketing. Tieni sempre davanti a te l'immagine del tuo cliente.

- **Media**. Quali canali utilizzi per fare conoscere il tuo prodotto.

- **Messagge** (Messaggio). Cosa vuoi comunicare al potenziale cliente attraverso il tuo prodotto, come può il tuo prodotto essergli utile per risolvere il suo problema, o come può il tuo prodotto ridurre il suo dolore?

La sequenza e' importante parti sempre dall'identificare chi può essere il tuo cliente con la maggiore definizione possibile.

Non utilizzare queste tre regole significa avere un fallimento assicurato.

Vendi sulla carta

Inizia il prima possibile a promuovere il tuo prodotto. Appena hai definito il concept, la demo, analizzato i costi e definito i possibili margini di errore inizia a ottenere i primi feedback.

Valdition

Verifica il prima possibile se il tuo prodotto può avere successo. Molte volte non si compie questa importantissima operazione perché si pecca di eccessiva fiducia nel proprio lavoro, nelle proprie idee, nel proprio ego.

E' il mercato che decide il successo del tuo prodotto. La maggior parte delle volte si nasconde la testa sotto la sabbia per non vedere la realtà.

La validazione di un prodotto e' una parte essenziale dell'attività del bootstrapping.

- La validazione vera crea clienti.
- La validazione vera crea prenotazioni.

Sulla base di clienti o prenotazioni hai il metro del successo, non solo, hai anche il flusso di cassa per produrre. Hai il tuo <u>Business Plan</u>

<u>ma con i numeri reali</u>.

Con questo Business Plan REALE se vuoi puoi richiedere finanziamenti o partnership, <u>avrai meno difficoltà a reperire fondi se dimostri di avere già i clienti veri.</u>

Ottenere Audience

Crea l'audience o trovane una.

La validazione può essere eseguita solamente se si possiede una audience, pertanto e' prima di tutto di fondamentale importanza trovare la audience , ancora prima di creare il prodotto, quando hai solamente l'idea in mente, cercare una audience di potenziali clienti, inizia a farti conoscere e a stabilire quanto prima dei contatti.

- Puoi cercare sui blog, social media, facebook per vedere quale potenziale di persone e' possibile attrarre.

- Puoi anche utilizzare dei canali offline scrivendo articoli o rispondendo a quesiti specifici su riviste del settore nel quale vuoi entrare con la tua azienda o prodotto.

- Prepara il terreno "Nutrendo" la tua audience con degli articoli, con dei Content che siano in relazione con il lancio del tuo prossimo prodotto.

Il Drafting.

Questa e' una tecnica chiamata così da Derek Halpern. Il drafting altro non e' che andare a "rimorchio" dei principali personaggi che possiedono già una vasta audience. Le persone che hanno una vasta audience ti danno maggiore velocità di espansione della tua idea (effetto virale).

Pertanto trova chi, tra le persone che conosci o che puoi conoscere, possiede un maggior numero di seguaci od anche una buona autorità nel settore.

Pertanto ... Traction

Con il termine traction si intende verificare quanta gente della tua audience e' interessata ad acquistare il tuo prodotto.

La traction e' fondamentale, da questa dipende il successo della tua attività. Se il prodotto non interessa a nessuno non venderà, avrai così perso solo tempo e denaro.

Inizia immediatamente ad ottenere la traction, maggiori sono le conoscenze, le persone influenti, e maggiori sono le possibilità di trovare i potenziali clienti per il tuo prodotto, per la tua azienda.

Fallo non appena ti e' possibile, anche all'inizio dello studio del prodotto.

Traction Flow Chart

Il diagramma di flusso della tractio può essere considerato secondo questo schema:

Traffic
Ricerca del potenziale cliente attraverso i sistemi offline ed online come

- Blog
- YouTube
- Facebook
- Ecc.

Leads
Una volta ottenuto un interessamento da un potenziale cliente bisogna fare in modo di condurlo in una landing page nella quale presenti il tuo prodotto e lo inviti a lasciarti una mail che utilizzerai in seguito per informarlo sullo stato del prodotto (ordini, preordini,

pianificazione di un periodo di lancio del prodotto).

Queste mail saranno importantissime, non solo per questo prodotto, ma anche per altri prodotti o informative. La tua mailing list sarà la tua miniera d'oro (ricordati della teoria dei 1000 True Fans).

Sales (Vendite).

A questo punto hai ottenuto una serie di interessamenti, magari con una prenotazione a pagamento, e soprattutto la loro mail. Adesso e' ora di offrirgli il tuo prodotto finale. Di vendere il prodotto.

Attività pubblicitaria di pre lancio

L'obiettivo della pubblicità di pre lancio consiste nel creare un senso di anticipazione alla vendita nei conformi dei potenziali clienti.

Il miglior modo per farlo consiste nel dire alla gente qualcosa riguardo al progetto che si sta per avviare.

Di seguito ci sono alcune tipiche modalità che si possono adottare:
- **Anticipazione del lancio**. Consiste nelle prime parole che usi per indicare, in un breve annuncio, che in futuro ci sarà l'immissione sul mercato del prodotto.
- **Pre Lancio #1**. Serve a comunicare ad una prima occhiata lo scopo del progetto, che cosa riguarda, e perché le persone dovrebbero fare attenzione alla tua attività.
- **Pre lancio #2**. Consiste nell'entrare nel dettaglio dell'attività e anticipare possibile obiezioni da parte della clientela.
- **Giorno prima dell'immissione nel mercato**. A questo punto si spiegherà esattamente i dettagli del prodotto.

L'attività di pre lancio e' molto importante in quanto permette al cliente potenziale di non comprare immediatamente, ma di essere "avvicinato" all'acquisto in modo graduale.

Difficilmente troverai dei clienti disposti a pagare immediatamente per il tuo prodotto, e' molto più facile che l'acquisto venga fatto dopo una serie di annunci che non comportano alcun impegno finanziario se non proprio a ridosso del momento dell'effettiva data di acquisto.

L'inizio del pre lancio può avvenire anche dai 60 – 90 giorni prima dell'effettiva data. Maggiore e' l'avvicinarsi della data di lancio e più ravvicinati devono essere i messaggi di pre lancio.

Crisis Analisys

Ottimismo e realta'

L'ottimismo e la visione positiva sono aspetti fondamentali nella riuscita del business, così come in tutte le altre aree della vita, salute ed energia vitale comprese.

Esiste pero una correlazione tra la demotivazione e la mancata previsione degli imprevisti. E' un fatto oramai assodato che le persone positive, le quali non hanno preso in considerazione eventuali imprevisti, siano quelle che abbandonano prima degli altri la propria impresa.

Prepararsi a reagire alle avversità che potresti incontrare lungo il percorso del tuo business e' una delle caratteristiche delle persone vincenti.

Cerca i punti deboli

Quando pianifichi il tuo business suddividilo per fasi e una volta terminata questa operazione poniti, per ciascuna fase, queste domande: "Cosa può andare storto?" e "Come posso porvi rimedio?".

Di ogni passaggio fai una tua personale analisi dei rischi, non solamente quelli legati al progetto sotto l'aspetto economico/temporale, giuridico, o altro. Fai anche una analisi di come prevedi possano essere i tuoi comportamenti di fronte alle avversità, alla mancanza di tempo, a come reagisci nei confronti dello stress o degli impegni.

Questi aspetti sono molto più importanti se il tuo business viene sviluppato come "Side Project" o progetto secondario (come secondo lavoro per intenderci), vedilo anche alla luce dei tuoi rapporti con la famiglia. Le frizioni che si possono innescare in seno alla tua famiglia possono generare dei problemi che si ripercuoteranno poi nel business.

Partnership? No, Grazie

La partnership

La partnership può sembrare una gran cosa, nei corsi di management e negoziazione ti insegnano ad associarti con altri.

A volte e' vero, a volte no, con il bootstrapping non hai bisogno di partnership, non devi associarti con altri, almeno all'inizio devi fare da solo. Non che sia sbagliato, ma la mia personale esperienza dice che:

- **La partnership e' un alibi**. Si richiede l'intervento di una persona terza principalmente perché si ha paura di affrontare l'impresa da solo, ma se il progetto e' tenuto ai minimi con i costi e tempi allora la partnership non serve.

- **La partnership porta via tempo**. Maggiori sono le persone coinvolte e maggiori sono le vedute, maggiori sono le vedute e maggiore e' il tempo e le energie necessarie per trovare punti in comune o per risolvere gli attriti interni. Inoltre occorre tempo per trovare le persone "giuste", occorre tempo per organizzare gli incontri e via discorrendo.

- Se partnership deve essere, viste le considerazioni di cui sopra, deve essere formata di poche persone, **al massimo 2 o 3 persone**.

- E, se proprio e' necessario, la partnership **falla con le persone**

che ti piacciono, con le quali vai d'accordo.

Importante.

Se il principale motivo della partnership consiste suddividere i rischi, e magari anche ottenere un minimo di capitale, sappi che le persone si associano con altre preferibilmente quando vedono che il progetto ha successo. Quindi se intendi sviluppare una partnership fallo quando hai raccolto almeno un po di ordinativi, non solo ti sarà più semplice raccogliere dei capitali, ma sarà anche molto più veloce.

Cosa delegare

Altro fattore che può essere collegato in maniera diversa alla partnership e' la delega.

Con la delega si intende assegnare delle attività a persone diverse da te. Come sempre ci sono i pro e i contro.

L'aspetto più importante della delega consiste in:

- **Delega solo quello che no sai fare**. Questo e' un aspetto essenziale, con la delega non devi rinunciare a lavorare, ma devi comprendere che ci sono persone che possono fare il lavoro meglio di te, in maniera più veloce.

- **Delega tutto ma non la gestione del cliente**. Tra tutte le attività che puoi delegare la gestione del cliente deve rimanere in capo a te. Mai, mai delegare la gestione del cliente, come abbiamo visto il cliente e' quello che determina il successo del tuo prodotto o della tua azienda.

- **Controlla sempre quanto delegato**. Come ripeteva Donald Trump in un suo libro: "Bisogna trovare i migliori ai quali delegare ma non bisogna fidarsi di loro". Questo per tanti motivi, per problemi di incomprensioni di comunicazione, per tenere motivato e coordinato il gruppo, ma anche per evitare dei possibili boicottaggi o peggio. Purtroppo l'uomo e' un essere umano e molte volte non bisogna fidarsi di lui, esperienza non solo personale ma diffusa in tutti gli ambienti. Ricorda: mantieni sempre il controllo e vigila in continuazione.

Le regole del successo nel Bootstrapping

Conclusioni

A questo punto il corso e' completo, hai appreso i concetti principali e la struttura, mancano solamente alcuni particolari, ci sono delle regole che a mio avviso, fanno del bootstrapping una materia di business completamente diversa, questa sezione del corso e' destinata a riassumere queste semplicissime regole del successo.

Parti con il minor investimento possibile

La maggior parte dei corsi sul business e su come fare impresa si concentra su tutti quegli aspetti che se perseguiti ti faranno perdere tempo e che ti faranno fallire.

Ti diranno che devi aprire una società, che devi iniziare con un logo, di registrare il marchio, brevettare il prodotto, di aprire un ufficio, ecc.

Io invece ti dico di iniziare partendo con il minor investimento possibile, cercando di ridurre allo stretto necessario le spese e i tempi per la pianificazione e progettazione del prodotto.

Perché quello che non ti insegnano e' che il successo deriva da una serie di precedenti fallimenti. Uno di questi segreti consiste nell'avere il maggior numero di micro fallimenti possibili in modo tale da fare una enorme esperienza e rimanere sempre in piedi, non solo, di migliorarsi sempre di più.

Non c'e' una persona che non sia andata in contro a dei fallimenti prima di avere avuto successo.

Parti, invece, a testare subito l'idea ed ad ottenere il prima possibile clienti paganti al minor costo possibile.

"Al denaro piace la velocità'"

Joe Vitale

La velocita' di esecuzione

"Meglio veloce e sporco piuttosto che lento e fatto bene".

Questa e' una massima del lean management che si adatta benissimo al bootstrapping, anzi ne e' una regola fondamentale.

La velocità' e' un altro fattore fondamentale, i vantaggi principali che ne derivano sono:

- Mantiene la struttura ed il prodotto il più essenziale possibile.
- Entra prima nel mercato e ne permette di prendere dei correttivi in maniera più veloce e tempestiva.
- Permette di vincere la paura, quando ti imponi dei tempi ristretti non hai tempo di pensare se il prodotto avrà o meno successo, o altri dubbi o paure che ti possono venire in mente, li fai e basta.
- Entri prima degli altri nella testa del cliente e questa e', come descritto nel libro "Le 22 immutabili leggi del marketing" una delle principali leve del successo di marketing. Entrare il prima possibile nella mente del cliente, l'importante non e' il prodotto, ma la percezione che il tuo prodotto ha nel cliente.

Continua reiterazione e miglioramento

La velocità' permette di continuare a sviluppare il prodotto anche quando lo hai immesso nel mercato.

Parti con un prodotto con il minimo delle funzionalità possibili e poi continua a migliorarlo in corso d'opera aggiungendone delle funzioni o peculiarità strada facendo assieme al successo che ne deriva.

Ribadisco il concetto MVP (Minimum Viable Product da learn Start Up di Eric Ries) integrandolo con quanto nel libro di Jason Fried nel suo libro "Getting Real" dove consiglia di non fare un prodotto Beta, ma di fare un prodotto completo con il minimo di funzionalità.

Partire "piccoli" Borderline.

Elimina tutto quello che non è necessario allo scopo.

Pensare in grande ma, partire piccoli. ... Ma partire.

Partire borderline, parti immediatamente appena hai preparato l'idea, le iscrizioni alla camera di commercio, partita IVA, biglietto da visita, ecc, vengono dopo.

All'inizio preoccupati di avere fatto "i compiti a casa" e di testare immediatamente il successo dell'idea, tutto il resto viene dopo, c'e' sempre tempo per mettersi a posto.

La cosa imporante

Ricorda sempre:

Prima le entrate, poi la spedizione = Cash Flow

Se non hai le entrate, se il tuo prodotto non vende, ed hai speso il minimo possibile puoi sempre riprovare con un'altra idea, ma se ti sei giocato il tuo tempo, il tuo denaro, il tuo futuro in un unico businesss che non e' andato in porto allora non potrai più riprovarci.

Ricorda sempre che lo sviluppo del tuo prodotto e della tua azienda deve avvenire dopo che hai incassato.

Bootstrapper famosi

Il settore immobiliare

Anche se può sembrare un strano si può considererai il settore immobiliare come una attività di bootstrapping.

Le fasi principali di una operazione immobiliare consistono in:

- Acquisto lotto edificabile (o in permuta o in associazione in partecipazione con il proprietario)

- Preparazione del progetto e del modello in 3D (l'analisi costi e il Mockup)

- Vendita degli appartamenti sulla carta (in maniera diretta o tramite agenzia immobiliare) attraverso delle prenotazioni o acconti sul pagamento (compromesso).

- Inizio costruzione solamente quando raggiunto un minimo di vendica che ne giustifichi almeno le coperture delle spese ipotizzate.

- Flusso di cassa positivo. Il pagamento avviene a stati di avanzamento lavori, con un conseguente "mirroring contrattuale" alle imprese subappaltatrici.

In pratica si limitano al minimo i costi riferiti solo all'acquisizione del terreno, alla realizzazione del progetto e ottenimento delle autorizzazioni, mentre la parte dei costi di grossa incidenza, avviene solamente dopo avere raggiunto il minimo dei contratti di acquisto degli appartamenti.

Nota:

Questo modello e' rimasto valido fintanto che si e' operato in questa maniera, quando invece si e' usciti dall'ambito del bootstrapping e le vendite sono calate il sistema e' collassato con gli effetti che tutt'oggi stiamo vedendo.

Just In Time

Possiamo paragonare il Just In Time, il sistema di produzione che la Toyota ha creato negli anni '70, come un sistema di bootstrapping in quanto:

- Esiste un progetto, un prototipo vero e proprio.
- Esiste un sistema di produzione
- Si realizza il prodotto (auto) solo dopo l'acquisto da parte del cliente.
- Tutta la produzione avviene solamente a seguito del contratto di vendita dell'automobile.

Microsoft

Bill Gates si può definire il principe del bootstrapping, quando ha chiuso il contratto per la vendita in licenza del sistema operativo DOS non aveva ancora niente in mano, ma con il ricavato del contratto ottenuto ha potuto iniziare lo sviluppo del programma.

Nota:
In questo caso il sistema e' migliore dei precedenti in quanto non vengono impegnate quantità di denaro rilevanti, e il flusso di cassa era sicuramente migliore.

Ulteriori risorse

Questa pubblicazione e' parte di un progetto più ampio che comprende anche il videocorso in formato slide scaricabile dai siti:

○ **Gumoroad** https://gumroad.com/l/AAfTD nel quale e' possibile ottenere uno sconto inserendo: "sconto lettori amazon" nell'apposita spazio "codice promozionale"

○

○ **Teachable** http://bit.ly/1oJLygC videocorso in streaming (in sconto fino al 31 dicembre 2018).

(quest'ultima versione comprende anche 2 ore di coaching "One to One" via Skype per meglio rifinire le proprie idee o eliminare dei dubbi).

Entrambe le opzioni di videocorso sono composte da:

- 70 slide.

- Il presente corso Keynote (in formato PDF, MOBI e EPUB).

- Bonus 1 - Sunto personale di "Getting Real" per come impostare una corretta impresa Lean (in formato PDF, MOBI e EPUB).´

- Bonus 2 - Sunto personale di "Strategie Oceano Blu" per come valutare il posizionamento del tuo prodotto o azienda (in formato PDF, MOBI e EPUB).

- Bonus 3 - 1PBP (One Page Business Plan) per valutare immediatamente il potenziale del tuo prodotto o azienda (in formato PDF, MOBI e EPUB).

In più, per la sola versione in streaming:

- 2 ore di coaching "One to One" via Skype per meglio rifinire le proprie idee o eliminare dei dubbi.

Volete saperne ancora di più? Per coaching e organizzazioni di corsi dal vivo ad hoc prego lasciare la vostra disponibilità a questo indirizzo mail marcobissi@alice.it e verrete contattati non appena possibile.

Note riguardo l'autore

Classe 1965 vivo e lavoro in Italia, sono interessato a sviluppare prodotti e idee attraverso il Bootstrapping e Lean Startup sia in qualità di consulente sia in partnership.

Nel salutarti e ringraziarti per il tuo tempo dedicato alla lettura di questo manuale ti ringrazio e saluto.

Grazie, Marco Bissi.

Domande, commenti? Contattami
marcobissi@alice.it oppure su LinkedIN. Mi piacerebbe ascoltarti.